Wie starte ich mit 500 Euro ein Trading-Business?

Heikin Ashi Trader

1.Auflage 2021

Published by:

Dao Press ist ein Imprint von

Splendid Island, Ltd.

pdevaere@yahoo.de

Inhaltsangabe

1. Wie kann ich mit 500 Euro Trader werden?

Die meisten neuen Trader, die mit Börsenhandel beginnen, haben ein kleines Konto. Die Summe mag unterschiedlich sein, aber fast jeder dieser Trader startet mit dem Bedürfnis, dieses kleine Kapital schnell zu vermehren. Dieses Bedürfnis ist natürlich und begreiflich, aber genau in dem Drang, dies so schnell wie möglich zu tun, liegt schon der Keim für das künftige Scheitern.

Egal ob sie mit 500 oder mit 1000 Euro anfangen, die meisten Anfänger haben das Gefühl, dass sie nur ein ganz kleiner Fisch sind. Und das wollen sie so schnell wie möglich ändern. Sie glauben, dass die einzige Möglichkeit darin besteht, das kleine Konto so schnell wie möglich wachsen zu lassen. Wenn das Konto groß genug ist, sagen sie sich, kann ich meinen Job kündigen und wie ein freier Mann (eine freie Frau) vom Trading leben.

Also fangen sie an, nach Trading-Strategien zu suchen, die ihnen möglichst hohe Renditen versprechen. Dass diese Strategien meist auch mit sehr hohen Risiken einhergehen, überhören sie natürlich geflissentlich und stürzen sich Hals über Kopf in das Abenteuer Trading.

Die Folge ist, dass die meisten dieser 500 Euro-Konten nach spätestens 3 bis 6 Monaten nicht mehr existieren. Das Geld ist weg. Ich erfinde das nicht. Das zeigen die Statistiken fast aller Broker, die ich kenne.

Wenn Sie also anfangen zu traden mit dem Bedürfnis, so schnell wie möglich Ihr Konto zu steigern, werden Sie diesem Ziel Ihre ganze Kraft und Aufmerksamkeit schenken.

Das bedeutet, dass Sie Ihre Energie nicht auf das lenken, was Sie eigentlich tun sollten: erstmal ein guter Trader zu werden. Oder wie ich es gerne formuliere: sich erstmal gute Trading-Gewohnheiten anzueignen.

Selbst wenn Sie über höhere Summen verfügen sollten, würde ich Ihnen dennoch davon abraten, diese auf ein Trading-Konto zu transferieren. Sie sind am Anfang sicher noch nicht in der Lage, dieses Kapital effektiv und verantwortungsvoll zu verwalten. Vielleicht denken Sie, dass Sie es können, ich weiß aber aus meiner Erfahrung, dass die meisten es eben nicht können.

Halten Sie ihr Geld also lieber zurück, solange Sie nicht bewiesen haben, dass Sie traden können.

Lernen Sie erst ein kleines Konto zu traden. Dies klingt vielleicht nicht besonders sexy, aber glauben Sie mir, mit dieser Empfehlung werden Sie sich viele schlaflose Nächte ersparen und eine Menge Geld behalten.

Wenn Sie also „nur" über 500 Euro oder sogar noch weniger verfügen, sehe ich das im Grunde eher als einen Vorteil denn als einen Nachteil. Ich verstehe das Bedürfnis nur zu gut, schnell Geld machen zu wollen, ich hatte dieses Bedürfnis auch.

Aber genau diese Not hat bei mir dazu geführt, dass ich mich eben nicht darauf konzentriert habe, das Handwerk zu erlernen. Mein einziges Ziel am Anfang war dieses kleine Kapital so schnell wie möglich zu vervielfachen.

Seien wir ehrlich. Mit 500 Euro werden Sie nicht weit kommen. Dennoch erscheint es mir wichtig, dass Sie lernen auch diese kleine Summe zu würdigen und verantwortungsvoll mit ihr umzugehen. So verantwortungsvoll als wären es tatsächlich 500.000 Euro statt 500.

Unverantwortlich ist natürlich der Einsatz eines unverhältnismäßig hohen Hebels, den ihnen die meisten Broker unglücklicherweise zur Verfügung stellen. Natürlich kann man bei vielen Forex-Brokern mit 500 Euro tatsächlich 50.000 Euro bewegen. Das heißt aber noch lange nicht, dass Sie es tun sollten.

Nach meiner Erfahrung sind die allermeisten Anfänger völlig überhebelt im Markt unterwegs. Ich habe zum Beispiel eine Zeitlang mit lediglich 2000 Euro auf dem Konto ein Kapital von über 200.000 Euro bewegt. Das bedeutet natürlich Stress und eine Menge Adrenalin.

Und es gibt etliche Individuen, die genau das suchen und wollen: Stress und Adrenalin. Und für die ist es natürlich genau richtig. Mit professionellem Trading hat das aber nichts zu tun.

Die Folge ist natürlich, dass diese „Trader" zum Beispiel viel zu lange an Verlustpositionen festhalten und hoffen, dass Mr Market so gnädig sei zu drehen, damit sie ihre Verlustposition zumindest auf breakeven schließen können.

Vielleicht haben Sie irgendwann auch dieses YouTube-Filmchen eines Traders gesehen, der an einem schönen Tag eine Verlustposition bis auf über 30.000 $ anwachsen ließ?

Er konnte es schier nicht fassen, dass der Markt nicht seiner Analyse gefolgt war und fröhlich gegen seine Position weiterlief. Ich kann mich nicht erinnern in einer so kurzen Zeit das berüchtigte englische Wörtchen f…ck so oft gehört zu haben.

Diese Aufnahme war die Apotheose eines völlig unprofessionellen, und wenn ich sagen darf „uncooles“ Vorgehen. So werden Sie definitiv nicht zum Profi-Trader.

Dazu kommt, dass die meisten Anfänger überzogene Vorstellungen haben, welche Renditen im Markt zu erwirtschaften sind. Ja, sie können 50% im Monat machen, sogar noch viel mehr. Aber sie werden dafür sehr hohe Risiken (sprich einen hohen Hebel) eingehen müssen.

Früh oder spät wird dann genau dieser Hebel gegen Sie arbeiten. Meist passiert dies mit einem katastrophalen Trade wie in dem YouTube-Filmchen, der das gesamte Konto innerhalb von wenigen Stunden vernichtet. Ich rede auch hier aus persönlicher Erfahrung.

Verabschieden Sie sich also bitte von der Vorstellung aus 500 Euro innerhalb kürzester Zeit 5000 oder gar 50.000 Euro zu machen.

Es wird Ihnen nicht gelingen und im Übrigen sind solche Kamikaze-Leistungen auch gar nicht nötig. Wenn Sie weiter lesen, werden Sie verstehen weshalb. Es gibt viel ruhigere und auch viel sichere

Methoden, um zu diesem Geld zu kommen. Und das geht auch mit 500 Euro am Anfang.

Schrauben Sie Ihre Rendite-Erwartungen also erstmal zurück. Statt 50 % im Monat würde ich von 20 % im Jahr ausgehen als Trader. Und glauben Sie mir, wenn Sie das können, sind Sie verdammt gut.

Ich weiß, dass ich womöglich einige Leser enttäuschen werde, wenn ich sage: 1 bis 2 % im Monat sind Topleistungen. Aber es sind tatsächlich Topleistungen, vor allem, wenn Sie Monat für Monat kontinuierlich erbracht werden.

Und auch solche Illusionen wie Wie kann ich mit einem 1000-Euro-Konto 1000 Euro im Monat „verdienen"? muss ich hier leider enttäuschen. Solche Renditen sind nur durch das Eingehen extremer Risiken möglich. Die Chance, dass Ihnen das Monat für Monat gelingen wird, tendiert gegen Null.

Schlagen Sie es sich aus dem Kopf! Es wird nicht funktionieren, und wenn dieses Buch Sie von dieser Illusion befreien kann, ist schon sehr viel geleistet.

Was dieses Buch aber mitteilen will: Es gibt Alternativen zu diesen überzogenen Erwartungen. Und diese Alternativen sind viel interessanter und auch leichter als jene Heldentaten, die auch dieser Trader aus dem YouTube-Filmchen versuchte.

Sie können eines Tages trotzdem Ihren Traum eines großen Trading-Kontos verwirklichen, aber der Weg dahin ist vermutlich ganz anders als Sie es sich vorstellen.

Ehrlich, ich wünschte, mir hätte das jemand gesagt am Anfang meiner Trader-Karriere. Jahrelange, vergebliche Versuche, ein Minikonto mithilfe von Futures hochzutraden, wären mir erspart geblieben.

Natürlich sammelt man auch auf diese Art und Weise „Erfahrungen“. Aber auf diese Erfahrungen kann ich gerne verzichten. Ich hätte mir gewünscht, jemand wäre gekommen und hätte mir meine überzogenen Erwartungen genommen.

Diese überzogenen Erwartungen sind im Übrigen typische kleinbürgerliche Träume. Man hat kaum Ressourcen, kein Vermögen und möchte so schnell wie möglich reich werden, am liebsten unter Umgehung von harter Arbeit. Klingt bekannt?

Diese Mentalität hat mir eine Menge schlaflose Nächte eingehandelt. Und ich möchte Ihnen diese mit diesem Text am Anfang gleich ersparen, auch wenn ich Ihnen dafür einige Illusionen nehmen muss.

Wer bin ich? Ich bin ein Trader mit über 14 Jahren Erfahrung an den Märkten, der alle Höhen und Tiefen des Trading-Geschäfts miterlebt hat. Ich habe für einen Hedgefonds im Devisenhandel und für eine Vermögensverwaltung gehandelt. Ich kenne diese Industrie mit ihren Tricks ziemlich gut.

Ich habe dieses kleine Drama eines beginnenden Traders, der sein komplettes Trading-Konto an die Wand fährt, immer und immer wieder gesehen und ich habe es selber mehrmals gemacht. Ich weiß also, worüber ich rede.

Das Problem ist nicht das Geld. Den Verlust von 500 Euro kann ja fast jeder verschmerzen. Man hat eine Erfahrung gemacht, und es hat nicht geklappt. Das ist erstmal nichts Schlimmes.

Und wissen Sie was? Es gibt auch Leute, die mit einem 50.000-Euro-Konto starten und selbst mit einem 500.000-Euro-Konto. Und auch diese Konten existieren oft nach 3 oder 6 Monaten nicht mehr. Wie fühlt sich das an?

Es ist also offenkundig, dass es nicht die Höhe des Kapitals ist, worum es geht. Es spielt also keine Rolle, ob Sie mit 500 oder mit 50.000 Euro starten. Irgendetwas scheint in diesem Trading-Geschäft grundlegend schief zu laufen, egal wieviel Geld Sie zur Verfügung haben.

Dieses Bedürfnis, das verfügbare Kapital schnell zu vermehren scheint dazu zu führen, dass genau das

Gegenteil passiert. Dies gilt zumindest für 95 % der Anfänger. Und ich muss gestehen, dass dies eine der traurigsten Statistiken ist, die ich kenne.

Stellen Sie sich vor: 95 % der Bäcker-Lehrlinge würden in ihrer Bäcker-Lehre scheitern, weil Brötchen backen nun mal eine zu schwierige Profession ist. Dass dies definitiv nicht der Fall ist, besagt doch, dass in den Backstuben etwas richtig gemacht wird.

Brötchen backen ist ein Beruf, den man durchaus lernen kann, vorausgesetzt man ist bereit früh aufzustehen und folgt den Anweisungen des Bäcker-Meisters.

Ich behaupte hiermit, dass Trading und Devisenhandel keine schwierigere Profession ist als Bäcker. Die Voraussetzung ist aber, dass der Trader-Neuling eben bereit ist, früh aufzustehen (keine Sorge, nicht so früh wie der Bäcker-Lehrling!) und den Anweisungen des Bäckermeisters zu folgen.

Auch beim Trading geht es zunächst darum, die Anweisungen des Bäckermeisters zur Kenntnis zu nehmen. Leider geschieht dies nicht und das ist wohl der Hauptgrund, weswegen die Statistiken so desaströs sind, wenn es um Erfolge im Trading geht.

Es ist sogar schlimmer. Es wird nicht nur den Anweisungen des Bäckermeisters nicht Folge geleistet. Der Bäckermeister ist schlicht nicht da. Der Trader-Anfänger sitzt eben allein in seiner Stube vor dem PC oder dem Laptop und kann in der Backstube schalten und walten wie es ihm beliebt.

Dieses Buch soll also über die Anweisungen des Bäckermeisters gehen. Es liegt an Ihnen, verehrte Leser, ob Sie sie zur Kenntnis nehmen wollen oder nicht. Zumindest hat der Bäckermeister seine Pflicht getan.

2. Wie Sie sich gute Trading-Gewohnheiten aneignen

Im Grunde genommen ist es völlig egal, ob Sie mit 500 Euro oder 50.000 Euro ihre Trader-Karriere starten. Ich möchte Ihnen in diesem Buch erklären, weshalb dies so ist.

Trading ist ein Beruf, der erstmal gelernt werden muss wie jeder andere Beruf auch. Sie müssen gleichsam erst lernen „Brötchen zu backen“. Und das Beste wäre, wenn Sie alle Anfänger-Fehler machen, solange sie noch kleine Brötchen backen. Sprich: machen Sie Ihre Anfänger-Fehler mit einem möglichst kleinen Konto.

Ich weiß zwar, dass jetzt eine ganze Reihe Profis aufstehen und versuchen werden Ihnen zu sagen, dass dies keinen Sinn macht. Ich empfehle es trotzdem: fangen Sie ganz klein an.

Natürlich können Sie auf einem Demokonto (ein Konto mit Spielgeld) Ihre Strategien erproben. Aber verweilen Sie nicht zu lange in diesem Stadium. Trading fängt erst an, wenn richtiges Geld im Spiel ist. Selbst wenn es kleine Summen sind.

Ich werde Ihnen in diesem Buch zwei Wege aufweisen, die Ihnen offenstehen als Trader. Beide haben Vor- und Nachteile wie alles im Leben. Aber es sind zwei reale Möglichkeiten, um eines Tages ihren Lebensunterhalt von Trading bestreiten zu können.

Diese Wege stehen auch denjenigen Tradern offen, die nur über eine kleine Summe wie 500 Euro (oder gar noch weniger) verfügen. Auch wenn Sie sich heute noch nicht vorstellen können jemals über ein großes Trading-Konto zu verfügen. Sie können es schaffen.

Beim ersten Weg werden Sie privater Trader bleiben. Das bedeutet, dass Sie nur mit ihrem eigenen Geld ihr Trading-Business aufbauen werden. Wie dies möglich ist und welche Bedingungen dazu erfüllt sein müssen, darüber wird es im ersten Teil gehen.

In einem zweiten Teil werde ich Wege aufzeigen, wie sie zu einem professionellen Trader werden können. Ein Profi ist ein Trader, der mit Kundengeldern tradet und hiermit seinen Lebensunterhalt verdient. Dies ist ein ganz anderer Weg als der erste und verlangt gewissermaßen eine etwas andere Vorbereitung.

Dennoch. Beide Wege verlangen eine wichtige Sache: Ihre Anstrengungen in der ersten Zeit werden eben NICHT darauf gerichtet sein, ein kleines Konto schnell zu vermehren.

In der ersten Zeit wird es vor allem darum gehen, sich gute Trading-Gewohnheiten anzueignen.

Denn ohne gute Trading-Gewohnheiten werden Sie nie ein profitabler Trader werden. Weder ein privater Trader, der von seinen Trading-Ergebnissen leben kann, noch ein professioneller, der von seinen Kunden lebt.

Dies ist die Backstube des Tradings. Wenn Sie wollen: Hier werden die echten Trader „gebacken". Gute Trading-Gewohnheiten sind gleichsam das Fundament Ihres künftigen Trading-Businesses. Ihre ganze Kraft und Konzentration sollte am Anfang darauf gerichtet sein, erstmal ein guter Trader zu werden.

Viele versuchen am Anfang so schnell wie möglich Geld zu verdienen. Glauben Sie mir, wenn Sie sich schlechte Angewohnheiten angeeignet haben, wird dieses Geld nicht kommen.

Haben Sie aber ihre ganze Energie darauf verwendet zuerst ein guter Trader zu werden, dann folgt das Geld irgendwann von alleine. Verstehen Sie jetzt weshalb es unerheblich ist, wieviel Geld Sie gerade zur Verfügung haben zum Traden?

Ist Ihr Fundament falsch gelegt, dann wird Ihnen hoffentlich klar sein, dass Ihr Business auf wackeligen Beinen steht. Die Wahrscheinlichkeit, dass Sie scheitern werden, ist dann sehr hoch.

Dies ist die entscheidende (und im Übrigen auch professionellere) Sichtweise, die Sie einnehmen sollten, bevor Sie mit diesem Beruf beginnen. Haben Sie verquere Ansichten über diesen Beruf, sind Ihre Chancen für den Erfolg sehr gering. Oder Ihnen steht ein langer, steiniger Weg bevor, so wie dies bei mir der Fall war.

Ich selbst dachte natürlich, dass ich es besser wusste und dass eine Lehrzeit in der Backstube überflüssig ist.

Ich möchte die wichtigsten guten Gewohnheiten für Trader anhand eines kleinen Experiments zeigen. Somit wissen Sie, worauf Sie sich einlassen, wenn Sie diese Profession ergreifen wollen.

Dazu würde ich gerne eine sehr einfache Strategie vorschlagen, die im Grunde keine ist, aber die genau **die drei wichtigsten Gewohnheiten** beinhaltet für eine erfolgreiche Trading-Karriere.

Ich möchte Ihnen vorschlagen 50 Trades mit Forex-Paaren durchzuführen. Falls Sie über kein Forex-Konto verfügen, können Sie diese Übung auch mit Aktienindizes machen.

Dies sind die Vorgaben:

1. Suchen Sie sich ein beliebiges Währungspaar.
2. Werfen Sie eine Münze. Zeigt die Münze Kopf, dann gehen Sie long. Zeigt sie Zahl, dann gehen Sie short.
3. Setzen Sie sofort einen Trailing-Stop auf 20 Pips Abstand zum Einstiegspreis.
4. Wenn die Position nach 5 Minuten im Verlust ist, schließen Sie sie und gehen zum nächsten Trade über.
5. Ist die Position nach 5 Minuten im Gewinn, tun Sie nichts. Lassen Sie den Trailing-Stop entscheiden.
6. Sie sollten nur 3 Trades in drei verschiedenen Paaren gleichzeitig laufen haben.
7. Wiederholen Sie diesen Prozess, bis Sie alle 50 Trades durchgeführt haben.

Der aufmerksame Leser wird bei diesem Experiment hoffentlich erkennen, dass in ihm die drei wichtigsten guten Gewohnheiten eines Traders versteckt sind. Ich empfehle Ihnen wirklich, dieses Experiment durchzuführen. Sie werden erstaunt sein, welches Ergebnis Sie dabei erzielen können. Vorausgesetzt, Sie halten sich strikt an die Regeln natürlich.

Und damit wären wir schon bei Gewohnheit Nr. 1. Ein guter Trader hält sich an seine Regeln. Ohne

Ausnahme. Obwohl es einfach erscheint, kann ich Ihnen versichern, dass mehr als 95 % der Trader genau dies nicht tun.

Das Experiment erscheint manchen vielleicht als sinnlos, zumal der Analyse des Charts überhaupt keine Aufmerksamkeit geschenkt wird.

Anders ausgedrückt: In diesem Experiment wird mit dem Entry des Trades keine Zeit verschwendet. Auch das Weshalb und Warum ein Trade eingegangen wurde wird völlig übergangen.

Im Gegenteil. Ich lasse sogar die Würfel entscheiden, ob ich long oder short gehe, als wäre der Einstieg etwas völlig Unwichtiges.

Es gibt dagegen sehr klare Vorgaben bezüglich der Exit-Regeln. Anders gesagt, ein Trader, der dieses „Experiment“ durchführt, tut alles daran, um die Verluste zu minimieren. Vor allem die 5-Minuten-Regel spielt hier eine wichtige Rolle. Auch dies ist eine sehr gute Gewohnheit von erfolgreichen Tradern.

Wenn ein Trade nach kurzer Zeit nicht aufgeht oder nicht in die gewünschte Richtung läuft, gibt es keinen einzigen Grund an diesem Trade festzuhalten. Dies klingt womöglich rigoros und das ist es auch. Gute

Trader sind sehr ungeduldig mit ihren Verlierern und schließen sie rigoros, ohne zu zögern.

Dadurch wird nicht nur der ersten Trading-Regel überhaupt genüge getan, nämlich Kapitalerhalt steht an erster Stelle. Es wird womöglich ein noch viel wichtigeres Kapital geschützt: nämlich Ihre Trader-Psyche.

Das Festhalten an Verlierer-Trades zerstört mit der Zeit Ihre Trader-Psyche und führt irgendwann zum bekannten Analysis-Paralysis. Man beginnt unnötig nach „idealen" Entries zu suchen, obwohl jeder weiß, dass sie nicht existieren.

Entweder bist du zur richtigen Zeit an der richtigen Stelle beim Trading oder nicht. Wenn nicht, dann machen Sie sich gefälligst aus dem Staub.

Der Trailing-Stop in diesem Experiment leistet aber noch etwas ganz Anderes. Er sorgt dafür, dass Sie möglichst lange in einer Position bleiben, sobald der Trade in den Gewinn läuft. Auch dies ist eine sehr gute Trader-Gewohnheit: stay with your winners. Auf Deutsch: Lass die Gewinne laufen.

Wenn Sie das können, unterscheiden sie sich auch schon von 95 % der Trader. Im Idealfall sollte Ihr Trade bis Freitagabend 11.00 Uhr laufen, auch wenn es natürlich nicht sehr wahrscheinlich ist, weil der Trailing-Stop irgendwann erreicht wird.

Dennoch ist dies eine sehr wichtige Übung: Nehmen Sie nicht zu früh Gewinne mit, wenn Sie im Gewinn sind, sondern versuchen Sie das Maximum aus dem Trade herauszuholen.

Dadurch folgt der Trader den zwei wichtigsten Aussagen der goldenen Börsen-Regel: Verluste begrenzen, Gewinne laufen lassen. Glauben Sie mir: 95% der Trader machen das genaue Gegenteil.

Ich kann mir gut vorstellen, dass es Ihnen schwer fallen wird, einen Trade, der nur leicht im Minus ist, nach 5 Minuten zu schließen. Tun Sie es trotzdem.

Ich weiß auch welcher Einwand jetzt kommt: Aber der Trade könnte vielleicht in der nächsten Minute ins Plus gehen und dann entgeht mir vielleicht ein Gewinn! Ja, das kann passieren, und es wird immer wieder passieren, das gehört zum Trader-Dasein dazu.

Die viel höhere Wahrscheinlichkeit ist aber, dass dieser Trade eben kein Gewinner wird sondern weiter in den Verlust geht. Deswegen empfehle ich, diese Position trotzdem zu schließen und zum nächsten Trade überzugehen.

Wenn Sie das lernen, haben Sie sich eine sehr wichtige Gewohnheit angeeignet: Sie tolerieren keine Verluste mehr. Egal was passiert.

Bezüglich der Entries möchte ich auch nicht falsch verstanden werden. Natürlich können Sie irgendwann versuchen durch genaue Chart-Analyse Ihre Entries so präzise wie möglich auszuwählen. Ich möchte aber an dieser Stelle eine sehr klare Warnung (Erfahrung) aussprechen: Die Bedeutung der Analyse wird weit überschätzt.

Trader verbringen in meinen Augen viel zu viel Zeit mit dem Analysieren von Charts. Was nicht anders ist als zu versuchen, die Zukunft vorherzusagen.

Sie verbringen dagegen viel zu wenig Zeit mit dem strikten Einhalten ihres Risikomanagements, was meistens die eigentliche Ursache ihres Scheiterns ist. Nicht eine fehlerhafte Chartanalyse.

Ich will hiermit auch nicht den Trailing-Stop promoten. Dieses Instrument hat sicher Vorteile, aber auch Nachteile, die mir durchaus bewusst sind. Durch Trailing-Stops werden Trades oft durch zufällige Gegenbewegungen viel zu früh ausgestoppt, obwohl der Trend vielleicht völlig intakt wäre und es keinen Grund gäbe, aus dem Trade zu gehen.

Die Übung besteht darin, den Trailing-Stop entscheiden zu lassen, wann die Gewinne realisiert werden. In einigen Fällen wird dies sicher zu früh sein. Aber dieses Instrument wird Ihnen in einigen anderen Fällen ermöglichen, die Position lange zu halten. Auch das ist eine gute Gewohnheit.

Sie lernen dank dieses Experiments die wichtigsten guten Gewohnheiten eines professionellen Traders. Sie lernen Ihren Regeln zu folgen, Verlierer schnell zu schließen und möglichst lange bei Ihren Gewinnern zu bleiben.

Glauben Sie mir, viel mehr brauchen Sie nicht. Eignen Sie sich diese Gewohnheiten an, gehören Sie eines Tages zu diesen 5 %, die Erfolg haben in den Märkten.

Dieses Experiment können Sie nach Belieben wiederholen. Denn, wie wir alle wissen, sind Gewohnheiten eines der schwierigsten Dinge, die zu verändern sind. Versuchen Sie mal mit rauchen aufzuhören, falls Sie Raucher sind.

Es gibt Trader, die jahrelang schlechte Gewohnheiten mit sich herumschleppen und sich dann wundern, weshalb sich der Erfolg nicht einstellt. Darunter sind auch sogenannte Profis. Glauben Sie ja nicht, dass alle Profis diese guten Gewohnheiten beherrschen.

Mit diesem Fundament möchte ich jetzt zwei Wege aufweisen, wie Sie ein Trader werden können, auch wenn Sie aktuell über eine nur sehr geringe Kapitalbasis verfügen.

Aber wie gesagt: Nicht das Kapital ist entscheidend, sondern das was Sie wirklich können, und das haben Sie hoffentlich mit dem Experiment verstanden und geübt.

3. Werden Sie ein disziplinierter Trader!

Nachdem deutlich geworden ist, dass die Prinzipien die gleichen sind für alle Trader, egal ob sie über 500 Euro oder über 5 Millionen verfügen, möchte ich nun Wege aufzeigen, wie Sie vom Traden leben können ohne Haus und Hof zu riskieren.

Wie bereits erwähnt, haben die meisten Anfänger eine völlig verquere Vorstellung davon, welche Renditen an der Börse erzielt werden können. Erfahrene und disziplinierte Trader erwirtschaften 20 bis 30 % Gewinn im Jahr. In sehr guten Jahren können dies auch mal 40 oder 50 % sein. Das bedeutet, dass diese Trader Monatsrenditen von 2 bis 3 % schaffen.

Diese Renditen werden aber mit einem vernünftigen Risikomanagement erzielt. Drawdowns bleiben in der Regel unter 15 %. Sollten Sie selber eines Tages ein Konto von mehreren hunderttausend Euro traden werden Sie sich hoffentlich auch ein solches Risikoprofil angeeignet haben.

Und jetzt kommen wir zu Ihrem 500-Euro-Konto. Es ist Ihnen hoffentlich klar, dass Sie mit dieser Summe nicht Ihren Lebensunterhalt verdienen können. Schlagen Sie es sich also definitiv aus dem Kopf.

Was Sie aber heute sehr wohl können, ist genauso wie die Profis eine schöne Jahresrendite von 20 oder 30 % erwirtschaften mit Drawdowns, die unter 15 % bleiben. Sie beweisen sich selbst damit, dass Sie traden können. Und das ist das Beste, was Ihnen passieren kann.

Für ein Konto von 500 Euro kommt im Grunde genommen nur der Forex-Markt in Frage. Suchen Sie also einen Forex-Broker, der Ihnen keine Gebühren berechnet für die Transaktionen.

Die Kritik vieler Profis war bislang berechtigt, dass es schlicht mathematisch nicht möglich sei, ein 500-Euro-Konto zu traden, weil allein schon die Gebühren das Konto auffressen. Von einem vernünftigen Risikomanagement wollen wir dann noch gar nicht reden.

Als Beispiel wollen wir einen Trade in EUR/USD mit einem Minilot (10.000 $) anführen. Dies war bis vor kurzem die kleinstmögliche Einheit, die Sie bei den meisten Brokern traden konnten. Setzen Sie bei einem Trade Ihren Stopp 50 Pips vom Einstiegspreis entfernt, riskieren Sie also 50 Pips oder 50 $. Aber dies ist fast 10 % Ihres Tradingkapitals!

Verlieren Sie auf diese Weise 5 mal nacheinander, was nicht ungewöhnlich ist, sind Sie schon die Hälfte

Ihres Kapitals los. Wenn Sie 10 % Ihres Kapitals riskieren pro Trade sind Sie kein Trader. Sie sind ein Kamikaze-Pilot.

Die Kritik an diesen Mini-Konten besteht wesentlich aus zwei Argumenten. Erstens können Sie nur eine Strategie gleichzeitig traden. Sie sind also völlig abhängig von den Ergebnissen dieser einen Strategie, und können nicht diversifizieren.

Zweitens: Sie können kein vernünftiges Risikomanagement führen, wenn Ihnen nur diese kleine Summe zur Verfügung steht, wie dieses Beispiel im EUR/USD eindeutig zeigt.

Gottseidank haben dies die Broker irgendwann auch eingesehen und bieten ihren Kunden nun auch sogenannte Mikrolots an. Dies ist lediglich 1/10 eines Minilots. Also hier traden Sie nur mit 1000 $.

Bei dem gleichen Beispiel würden Sie dann lediglich 5 $ riskieren oder eben nur 1 % Ihres Kapitals. Diese Summe kommt einem vernünftigen Risikomanagement für einen Privat-Trader schon viel näher, wobei ich persönlich 1 % Risiko pro Trade immer noch viel finde.

Es klingt vielleicht nicht sexy ein Jahr lang diszipliniert mit 500 Euro zu traden um dann vielleicht nach 12 Monaten einen Gewinn von 20 %

zu haben, also 600 Euro auf dem Konto. Genau das aber sollten Sie tun.

Sie sollten lernen, dieses Mini-Konto so zu traden, als wäre es ein Millionenkonto. Dazu empfehle ich ein detailliertes Trading-Journal zu führen, das alle Trades genau protokolliert. Außerdem ist es sinnvoll, wöchentliche oder monatliche statistische Auswertungen anzufertigen.

Wie Sie dies genau tun habe ich ausführlich in meinem Buch „Wie bewerte ich meine Trading-Ergebnisse?“ dargelegt. Sie finden das Buch hier.

Die Aufgabe besteht also darin, mindestens ein Jahr lang diszipliniert eine von Ihnen gewählte Strategie am Markt durchzuführen. Wohlgemerkt eine Strategie und nicht sieben.

Viele Anfänger beginnen begeistert mit einer Strategie. Wenn dann die ersten Verluste auftauchen sind sie enttäuscht, verwerfen die Strategie und suchen etwas Neues. Und der Zyklus geht wieder von vorne los. Dieses Verhalten gehört definitiv nicht zu den guten Trader-Gewohnheiten!

Sie sollten also konsequent bei einer Strategie bleiben, egal, was passiert. Der Grund dafür ist einfach. Wenn Sie nie eine Strategie ein Jahr lang getradet haben, lernen Sie diese auch nie wirklich kennen. Jede Strategie hat Verlustphasen. Es ist also unerheblich, welche Sie wählen, solange sie profitabel ist.

Allein dies wird Sie enorm disziplinieren. Wenn Sie Ihre Strategie immer wieder austauschen, lernen Sie sich selbst als Trader auch nie wirklich kennen. Und darum geht es doch. Also bleiben Sie der einmal getroffenen Wahl treu.

Zudem sollten Sie ein detailliertes Trading-Journal führen. Damit meine ich eine vollständige Erfassung Ihrer Trades. Ein solches Journal sollte zumindest folgende Daten enthalten:

- Datum des Entry: also der Tag, an dem Sie die Position eröffnen
- Name des Forex-Paares
- Entry-Preis: der Preis, an dem Sie gekauft (long) oder verkauft (short) haben
- Stop-Loss: das ist das Risiko, das Sie bei diesem Trade eingehen
- Take-Profit: das ist das Kursziel, das Sie erreichen wollen mit Ihrem Trade
- Positionsgröße: wie viele Micro-Lots haben Sie gekauft?
- Datum des Exits: also der Tag, an dem Sie die Position geschlossen haben

- P/L (Profit/Loss) in Pips: wieviel Pips haben Sie erwirtschaftet?

Man kann noch andere Daten hinzufügen, aber diese sind bestimmt die wichtigsten.

Warum sollten Sie das tun? Wenn Sie konsequent diese Daten von all Ihren Trades sammeln, bekommen Sie einen Schatz an Information über Ihr Trading, der mehr wert ist als alle Trading-Büchern zusammen.

Vielleicht finden Sie heraus, dass Sie besser sind im Short-Selling als im Long-Gehen? Wenn dies so ist, wäre es dann nicht vernünftig, sich ausschließlich auf das Shortselling zu spezialisieren? Wussten Sie, dass manche Trader 100 %ige Shorter sind, die nie long gehen? Sie tun dies, weil sie auf Basis Ihrer Daten erkannt haben, dass Shorten das Beste ist für sie. Ich, zum Beispiel, bin ein guter Shortseller und ein lausiger Long-Trader.

Vielleicht stellen Sie fest, dass die meisten Ihrer Verluste in einem bestimmten Forex-Paar auftreten. Ich selbst bin ganz schlecht im GBP/USD. Deswegen vermeide ich dieses Paar meistens.

Dafür bin ich gut im Schweizer Franken und ganz besonders gut im USD/CAD. Das weiß ich genauso dank meines Trading-Journals. Ist das nicht eine wertvolle Information?

Am Ende der Woche (oder des Monats) sollten Sie Ihre Trading-Daten auswerten. Auch dies habe ich in meinem Buch „Scalpen macht Spass! Teil 3: Wie bewerte ich meine Trading-Ergebnisse?“ ausführlich gezeigt.

Hier sind die wichtigsten Kennzahlen Ihrer Statistik:

- Anzahl der Trades pro Woche/Monat/Quartal
- Anzahl der Gewinner
- Anzahl der Verlierer
- Anzahl der Breakeven-Trades
- Durchschnittlicher Gewinn
- Durchschnittlicher Verlust
- Trefferquote (Ihre Anzahl der Gewinner in Prozent)
- Payoff-Ratio (profitabel oder nicht und wie profitabel?)
- Expectancy (Erwartung Ihres Systems)

Diese statistischen Daten, die Sie Ihrem Trading-Journal entnehmen, sind womöglich noch wertvoller als die Trading-Daten selber. Denn sie zeigen, wie robust Ihr System wirklich ist.

Darüber hinaus zeigt eine solche Auswertung auch, an welchen Schrauben Sie eventuell drehen müssen, um Ihr System profitabler zu machen. Vielleicht sind Ihre Verluste etwas zu hoch und Sie sollten den Stop-Loss enger oder auch weiter weg setzen.

Vielleicht setzen Sie immer nur auf Gewinner (die Trefferquote), achten dabei nicht auf die Höhe der Gewinne. Dieses Problem hatte die Traderin, deren Werdegang ich in meinem Buch ausführlich beschreibe.

Sie sehen also, dass ein Trading-Journal unendlich wertvolle Informationen beinhaltet, und darauf wollen Sie doch nicht verzichten oder?

Das konsequente Beibehalten eines Trading-Journals gehört ebenfalls zu den guten Trading-Gewohnheiten. Machen Sie es also von Anfang an, selbst, wenn Sie lediglich ein 500-Euro-Konto haben.

4. Das Märchen des Zinseszins

Bevor wir nun den nächsten Schritt machen, müssen wir uns mit etwas beschäftigen, das in vielen Internetforen herumspukt, nämlich das Märchen des Zinseszins (auf English compound interest). Auch „the greatest force on earth“ genannt, also die größte Macht auf Erden.

Es ist fast zu schön, um wahr zu sein und viele Trader glauben tatsächlich, dass es möglich ist, ihr kleines Konto innerhalb kürzester Zeit dank des Zinseszins-Effektes zu einem großen Konto wachsen zu lassen.

Der Zinseszins –Effekt geht in etwa so: Sagen wir der Einfachheit halber Sie verfügen über 1000 $ Trading-Kapital. Ihr (nicht ganz unbescheidenes) Ziel ist es im Schnitt 10 Pips pro Tag am Devisenmarkt zu erwirtschaften.

Die Rechnung geht so:

Am Tag 1 machen Sie 10 Pips und haben also 1010 $ auf dem Konto. Am zweiten Tag machen Sie wieder 10 Pips. Nun haben Sie 1020 $. Nach 20 Tagen stehen schon stolze 1220 $ auf dem Konto. Das sind also immerhin 22 % (!) in Ihrem ersten Monat.

Sie brauchen schließlich 70 Tage, um Ihr Konto zu verdoppeln. Sie haben dann 2000 $ auf dem Konto, vorausgesetzt Sie haben im Durchschnitt 10 Pips pro Tag ertradet und Sie heben von Ihrem Konto nichts ab.

Da das Kapital jeden Monat „wächst", können Sie natürlich jeden Monat „etwas" mehr riskieren. Sie erhöhen also Ihre Positionsgröße mit wachsendem Kontostand. Im ersten Monat traden Sie noch mit einem Minilot (10.000 $). Da Sie nach einem Monat 1200 $ auf dem Konto haben erhöhen Sie Ihre Position auf 12.000 $. Nach zwei Monaten traden Sie mit 17.000 $ und so weiter.

Vielleicht sind Sie von diesen Zahlen immer noch nicht beeindruckt. Die Idee aber ist, dass wenn Sie das in den nächsten Monaten konsequent weiter durchführen, sich irgendwann die Macht des Zinseszinses entfalten wird.

Sollten Sie ein Jahr lang auf diese disziplinierte Weise ihr Konto traden, steht es nach 12 Monaten auf 24.000 $. Gelingt Ihnen dies auch im zweiten Jahr, dürfen Sie 500.000 $ Ihr Eigen nennen.

Sie müssen dann „lediglich" nur noch 3 Monate traden bis Sie Dollar-Millionär sind. Wohlgemerkt mit 10 Pips pro Tag! Praktisch, nicht wahr?

Sie können es in einer ruhigen Stunde gerne nachrechnen, aber es stimmt. Sie können mit „lediglich“ 10 Pips pro Tag innerhalb von 3 Jahren Forex-Millionär werden.

Ich weiß, dass viele Anfänger von dieser Zinseszins-Rechnung beeindruckt sind, wenn Ihnen die Idee zum ersten Mal präsentiert wird. Sie müssen nun kein Mathematik-Genie sein, um diese einfache Rechnung zu begreifen. Sie stimmt.

Und es ist die stille Hoffnung vieler Trading-Anfänger, dass genau Sie in der Lage sein werden kraft Ihrer Trading-Fähigkeiten, dieses Kunststückchen fertig zu bringen.

Wenn es Ihnen gelingt, rufen Sie mich bitte an, Sie wären vermutlich der Erste in der Welt.

Warum schafft es dann fast niemand, dies in die Praxis umzusetzen? Theoretisch geht es perfekt. Und es bedeutet sicher nicht, dass der Zinseszins-Effekt nicht funktioniert. Er funktioniert sicher und im Prinzip arbeitet jeder Trader mit dem Zinseszins-Effekt.

Sie werden es womöglich ahnen. In dieser Berechnung gibt es einige „Unbekannte“, die nicht berücksichtigt wurden. Und diese Unbekannten haben es natürlich in sich. Und es hat sehr viel zu tun mit den guten oder schlechten Trading-Gewohnheiten, worüber wir bereits gesprochen haben.

Haben Sie zunächst hart an Ihren guten Trading-Gewohnheiten gearbeitet, ist die Chance durchaus vorhanden, dass Sie eine Form des Zinseszins-Effektes erleben werden.

Aber verabschieden Sie sich von der Illusion, Sie könnten im Schnitt 10 Pips pro Tag oder meinetwegen 50 Pips pro Woche ertraden, so wünschenswert dies auch wäre.

Die Realität sieht eher so aus: In manchen Wochen werden Sie vielleicht 36 oder 128 Pips machen. Es könnte aber sein, dass Sie die Woche darauf 92 Pips Verlust realisieren. Und die Woche darauf traden Sie gar nicht, weil Sie mit Grippe das Bett hüten müssen.

Sie werden gute Wochen oder Tage erleben, wo sie richtig gute Ergebnisse erzielen werden und Sie werden schlechte, sogar grottenschlechte Wochen erleben.

Und der Fortschritt?

Ein Trader, der an seinen Schwächen (und an seinen Stärken) arbeitet, wird sicher Fortschritte machen. Aber diese kommen nicht Schritt für Schritt.

Manchmal werden Sie das Gefühl haben, dass sich gar nichts tut und dann plötzlich gibt es einen Durchbruch und Sie traden viel besser als vorher.

Viele Trader müssen erleben, dass sie ihr erstes und oft auch ihr zweites 500-Euro-Konto an die Wand fahren. Sie brauchen sich dafür nicht zu schämen. Ich selbst habe mehrmals kleinere Konten auf 0 gebracht. Aus mangelnder Disziplin wohlgemerkt.

Nach einem solchen Debakel ist es oft gut, eine Pause einzulegen und über die eigene Trading-Strategie nachzudenken. Sie glauben nicht, wie viel besser Sie traden können nach einer solchen Pause!

Mit wachsendem Selbstvertrauen gelingt es Ihnen vielleicht doch ein kleines Konto deutlich zu steigern. Zumindest eine Verdopplung sollten Sie schon mal erleben, bevor Sie zusätzliches Geld auf das Trading-Konto transferieren. Bedenken Sie, was wir im ersten Teil über gute Trading-Gewohnheiten gesagt haben.

Sie werden also dieses kleine Konto mit größter Behutsamkeit zu traden anfangen. Natürlich hängt es von Ihrer Strategie ab, ob Sie 50, 20 oder nur 10 Pips pro Trade riskieren. Die Übung besteht vor allem erstmal darin, das Kapital zu erhalten. Gelingt Ihnen dies, dann haben Sie den ersten wichtigen Schritt zum Erfolg bereits getan.

Natürlich wächst das Konto auf diese Art und Weise viel langsamer. Das ist sicher so. Vergessen Sie aber nicht: Ihr Ziel sollte nicht sein, Ihre 500 Euro so schnell wie möglich zu vermehren.

Sie sollten diese Summe vorerst dazu nutzen, überhaupt traden zu lernen. Und dies heißt an erster Stelle eine regelmäßige Rendite mit einem überschaubaren Risiko zu erwirtschaften.

Renditen von 2 bis 3 % im Monat sind da schon herausragend, vor allem dann, wenn das Risiko (Drawdown) unter 10 % bleibt. Mehr darüber im Kapitel über professionelles Traden.

Die Vorstellung ein Minikonto kraft des Zinseszinses von 500 Euro auf 100.000 oder gar auf eine Million hochzutraden ist eine völlige verrückte Idee. Es ist sehr unwahrscheinlich, dass Ihnen dies gelingen wird und dieses Ziel wird Sie maßlos überfordern. Sie werden wieder viel zu große Risiken nehmen, um dies zu erreichen. Sehen Sie das Muster?

Es geht also erst mal darum, Ihr Handwerk zu erlernen. Denken Sie möglichst nicht an das Geld. Wie gesagt 2 bis 3 % im Monat ist schon sehr gut. Bedenken Sie: 2 % auf ein 500-Euro-Konto sind 10 Euro. Mal ehrlich: Einen ganzen Monat diszipliniert arbeiten für 10 Euro? Das bringt Sie doch nicht finanziell vorwärts.

Verstehen sie die Absurdität dieser Vorstellung? Verabschieden Sie sich also von dieser Idee mit diesem kleinen Startkapital, Geld verdienen zu wollen.

Ist es denn nicht völlig sinnlos ein 500 Euro-Konto zu traden?

Nein, das ist es nicht. Lernen Sie ihr Handwerk mit dieser kleinen Summe. Können Sie dieses Konto im Laufe einiger Zeit vermehren ohne zu große Risiken einzugehen, haben Sie sich selber bewiesen, dass Sie traden können.

Traden ist ein Handwerk und ein Beruf, der Zeit braucht, um erlernt zu werden. Und ein halbes Jahr ist dafür wirklich eine sehr kurze Zeit. Die Lernkurve der meisten Trader, die ich kenne, dauert in der Regel viel länger.

Die eine Betrachtung ist also die oben beschriebene; es schon gar nicht zu versuchen, Geld zu verdienen mit einem 500-Euro-Konto. Diese Probezeit dient dann ausschließlich dazu, das Trader-Handwerk überhaupt zu erlernen.

Es gibt aber auch eine zweite Betrachtungsweise, die genauso Sinn macht. Manche Trader mit einem kleinen Konto, machen es sich zum Ziel im Schnitt täglich 10 Euro zu verdienen. Dies ist ein sehr überschaubares Ziel nicht wahr?

Sie sagen jetzt vielleicht: 10 Euro am Tag? Machen Sie Scherze? Das ist reines Kinderspiel! Vielleicht. Aber schaffen Sie diese 10 Euro auch ohne mehr als 10 Euro zu riskieren? Und zwar täglich?

Es ist ein Geldziel, also nicht unbedingt 10 Pips. Sie starten also nicht und sagen: „Ich muss täglich 200 Euro verdienen, damit ich im Monat 4000 Euro aus meinem Trading-Konto holen kann."

Es stellt sich dann meistens heraus, dass diese 4000 Euro genau die Summe ist, die sie monatlich für Ihre Ausgaben brauchen. Mit anderen Worten: Sie brauchen dieses Geld. Sie müssen also erfolgreich sein, damit Sie dieses Ziel erreichen. Sehen Sie?

Sie tun etwas nicht aus Freude oder weil Sie etwas lernen wollen. Sie tun es, weil sie müssen. Und wenn es mal nicht gelingt, bringt Sie dies in ordentliche Schwierigkeiten.

Dadurch setzen Sie sich unnötig unter Druck. Die Folgen sind meistens Overtrading, Sie nehmen zu große Risiken oder traden mit einem viel zu hohen Hebel.

Ich denke, Sie vermuten schon, was dann passieren wird. Jemand, der unter Druck steht, wird früher oder später scheitern. Das ist dann genau das, wenn Sie irgendwann von einem spektakulären Verlust an der Börse hören.

Ich selbst bin mehrmals in diese Falle getappt, und ich kann Ihnen sagen, es waren nicht meine glorreichsten Tage.

Der Trader dagegen, der lediglich 10 Euro im Schnitt pro Tag ertraden möchte, hat sich womöglich ein realisierbares Ziel gesetzt. Er steht auch nicht unter dem enormen Druck seinen Lebensunterhalt damit bestreiten zu müssen.

10 Euro pro Tag in einem Aktienindex oder in einem Forex-Paar sind machbar. Dieser Trader würde sein Ziel regelmäßig erreichen. Dadurch konditioniert er sich auf Erfolg. Erfolg wird dann etwas, was sich

leicht anfühlt und was keiner übermenschlichen Anstrengungen bedarf.

10 Euro pro Tag als Tagesziel, das sind bei 20 Handelstagen 200 Euro pro Monat. Das hört sich vielleicht nicht nach einer bedeutenden Summe an, aber wissen Sie eigentlich, wieviel Geld Sie heute (mit den sehr niedrigen Zinsen) auf dem Konto haben müssen, um dieses Geld verzinst ausbezahlt zu bekommen? Wir gehen mal von einem Tagesgeldkonto mit einer Laufzeit von 3 Monaten aus: ungefähr 1 Million Euro!‘

Wenn Sie also täglich 10 Euro an der Börse „erwirtschaften“ könnten, wäre dies als hätten Sie 1 Million auf dem Konto. Sie sehen: So bescheiden ist dieses Ziel gar nicht.

Glauben Sie nicht, dass ein Trader, der diesen „Erfolg“ vorweisen kann über eine gewisse Zeit, Mittel und Wege finden wird, mit der gleichen Leichtigkeit größere Summen zu traden? Er wird es tun.

Zugegeben, mit zusätzlichen 200 Euro im Monat werden Sie Ihre Lebenssituation nicht groß ändern können. Es ist aber entscheidend, überhaupt Gewinne zu machen. Sie glauben gar nicht, wie toll sich das anfühlen kann, wenn Sie wieder einen positiven

Monat abgeschlossen haben. Sie haben dann wirklich das Gefühl etwas geleistet zu haben, und das haben Sie auch.

Das ist wichtig zu betonen, denn für Leute die nicht an der Börse tätig sind, sind 200 Euro natürlich eine lächerliche Summe, für die Sie nicht mal aufstehen würden.

Für Sie ist es aber der Beweis, dass Sie Ihre Lehre in der Backstube des Tradens erfolgreich absolviert haben. Sie haben sich also gute Trading-Gewohnheiten angeeignet. Und darauf kommt es eben an.

Es gibt noch einen anderen Grund, weshalb ich kein großer Fan vom strikten Zinseszins-Effekt bin: Belohnen Sie sich ab und zu selbst. Schlaue Trader machen das.

Haben Sie zum Beispiel diszipliniert getradet und einen schönen Wochengewinn gemacht, dann holen Sie doch einen Teil dieses Gewinns von Ihrem Konto und machen etwas Schönes damit. Vielleicht ein Kino-Besuch mit Ihren Liebsten?

Wichtig ist, dass es sich wie eine Belohnung anfühlt. Damit signalisieren Sie Ihrem Unterbewusstsein: Gut so! Weiter auf diese Art! Es lohnt sich.

Niemand lässt von 500 Euro bis zu 1 Million all das Geld auf dem Broker-Konto stehen. Es ist nicht nötig und einfach eine völlig verrückte Idee. Und der Zinseszins-Effekt kommt irgendwann auch, aber oft ganz anders als Sie es vermuten.

Jeder Trader ist verschieden und ist von daher auch unterschiedlich kapitalisiert und hat verschiedene Ressourcen (nicht nur Geld sondern auch Zeit). Manchmal wird man das Gefühl haben, dass es sehr schnell gehen kann, aber genauso werden Sie Perioden erleben, in denen Ihre Strategie nicht so gut funktioniert.

Es gibt viele Trader, die nach einer Pechsträhne einfach mal einige Monate Pause machen. Manche kommen erst nach einem Jahr wieder zurück mit frischen Ideen. Sie haben dann vielleicht einige Seminare besucht oder einfach ein gutes Buch gelesen, dass ihnen eine völlig neue Sicht auf die Börse vermittelt. Sie starten mit neuem Elan.

Sie sehen also: Die Lernkurve verläuft nicht so glatt wie man meinen könnte. Es gibt Brüche, Pausen, Unterbrechungen. Der Erfolg selber kommt auch nicht linear. Es gibt Zeiten, wo Sie das Gefühl bekommen, Sie lernen es nie und dann gibt es plötzlich einen Durchbruch.

Dies kann verursacht sein durch eine kleine Veränderung in Ihren Trading-Gewohnheiten oder durch einen Tipp von einem erfahrenen Profi (kein Aktien-Tipp!). Es kommt eben in Wellen. Und Wellen ziehen sich wie bekannt auch mal wieder zurück.

Wenn es Ihnen dann gelungen ist, regelmäßige Renditen zu erwirtschaften, erst dann sollten Sie darüber nachdenken mit größeren Summen zu traden. Von hier aus gibt es zwei Möglichkeiten.

Sie können sich dazu entschließen, ein professioneller Trader zu werden und mit Kundengeldern zu traden. Wie das geht, erzähle ich in Kapitel 8.

Oder Sie bleiben Privatier, traden vielleicht nur auf Teilzeit und gehen noch einem Beruf nach. Wie auch immer Sie sich entscheiden, versuchen Sie Ihr Trading als ein Business zu betreiben. Auch wenn Ihr Business jetzt noch wenig abwirft und Sie mit einer sehr kleinen Summe traden, traden Sie so als hätten Sie ein Kapital von einer Million.

Es kommt in diesem Beruf unglaublich stark auf die innere Einstellung an. Je ernsthafter Sie dies tun, desto eher wird sich Ihnen eine Tür auftun, die Ihnen die Möglichkeit bietet, ihre Träume zu realisieren.

Wenn Sie sich einmal ernsthaft auf dem Weg gemacht haben ein guter Trader zu werden, werden Ihnen Dinge passieren, die Sie jetzt noch nicht für möglich halten.

Es werden Menschen auf Sie zukommen, die Ihnen Geld anbieten, um zu traden. Ob Sie dieses Geld annehmen sollten, ist eine andere Sache. Das sollten Sie erst nach reiflicher Überlegung entscheiden. Und es hat viel mit der Ernsthaftigkeit zu tun, von der ich vorhin gesprochen habe.

Solange Sie kein disziplinierter Trader sind, der sein Handwerk versteht, sollten Sie auf keinen Fall Geld von anderen Personen verwalten. Ich hoffe, dies spricht für sich.

Es kann Ihnen sogar passieren, dass ein Hedgefonds auf Sie zukommt. Das ist mir mal passiert. Dieser Fonds steckte in Schwierigkeiten und war dringend auf der Suche nach einem Trader, der ihm zumindest etwas positive Rendite erwirtschaften konnte für seine Kunden. Alles andere hat dort nicht funktioniert.

Ich begann zu traden und erzielte auch bald Gewinne. Aber das Management hatte seine Lektion offenbar noch nicht gelernt. Die ganzen Probleme waren entstanden, weil die automatischen Handelssysteme, die der Fonds zunächst eingesetzt hatte, nur Geld verbrannten.

Ich kam also morgens und fing an, das Konto erfolgreich zu traden, aber das Management war offenbar so von ihren Robotern überzeugt, dass es diese nachts wieder laufen ließ. Die Folge war, dass die Gewinne, die ich tagsüber erwirtschaftet hatte, nachts von den Robotern zunichte gemacht wurden. Können Sie sich eine absurdere Situation vorstellen?

Glauben Sie mir: Auch bei den sogenannten Profis geht es manchmal drunter und drüber. Und Talente sind immer gefragt. Verstehen Sie jetzt, warum Sie erst lernen sollten, diszipliniert zu traden?

Diese Leute wissen auch, dass Ihnen keine 5 Millionen zur Verfügung stehen, um zu traden. Denn, wäre dies der Fall, wären Sie an dem Job vermutlich nicht interessiert.

Es kann natürlich auch sein, dass Sie selbst plötzlich zu Geld kommen oder noch etwas Geld gespart hatten, das Sie bislang für Ihr Trading nicht benutzt hatten. Wenn Sie soweit sind und das Gefühl haben, dass Sie verantwortungsvoll mit dieser Summe umgehen, können Sie es wagen.

Tun Sie mir aber einen Gefallen: Setzen Sie nicht gleich die ganze ersparte Summe auf's Spiel. Sie werden es vermutlich doch tun, aber ich habe es zumindest gesagt.

Dies ist im Übrigen der häufigste Fall. Die meisten Trader, die ich kenne, traden mit ihrem eigenen Geld und das ist auch gut so. Geld von anderen Leuten zu verwalten erhöht den Stress um ein Vielfaches. Können Sie dies verkraften und trotzdem eine gute Performance erzielen?

Vielleicht erben Sie eines Tages eine Summe Geld. Auch das ist natürlich möglich.

Sollten Sie Geld von Verwandten annehmen? Ehrlich gesagt würde ich Ihnen am liebsten davon abraten. Wenn Ihnen jemand Geld schenkt und sagt: „Es ist mir egal, ob du es verbrennst oder vermehrst“, dann könnten Sie darüber nachdenken, ob Sie dieses Geld annehmen.

Meiner Erfahrung nach sagen die meisten Verwandten diesen Satz nicht. Die meisten schauen eher mit einem kritischen Blick auf Ihre „neue Tätigkeit als Trader“ oder geben Ihnen das Geld mit Auflagen. Da wäre ich dann äußerst vorsichtig, denn wer weiß, ob Sie in der Lage sein werden, diese „Auflagen“ zu erfüllen.

6. Social Trading

Eine gute Alternative für unterkapitalisierte Trader ist das Social Trading. Ich habe diese Erfahrung selber gemacht und kann es jedem ambitionierten Trader nur empfehlen.

Manche dieser Sites arbeiten mittlerweile sehr professionell und im Übrigen viel transparenter als jeder Investmentfonds oder Vermögensverwaltung. Hier ist im Bereich Geld-Management in den letzten Jahren eine kleine Revolution entstanden und es ist zu wünschen, dass diese „Demokratisierung“ der Vermögensverwaltung sich weiter entwickelt und möglichst viele Menschen auf diesem Planeten davon profitieren können.

Denn gerade hier sind die guten Gewohnheiten und das disziplinierte Traden sehr gefragt. All Ihre Trades und deren statistischen Auswertung sind völlig transparent und offen für alle Welt einsehbar.

Können Sie sich das vorstellen: Sie traden und die ganze Welt schaut zu? Aber so ist es im Grunde genommen beim Social Trading.

Social Trading Plattformen sind nicht mehr als Websites, bei denen Trader und interessierte Anleger zusammenkommen. Die Anleger haben das Geld und die Trader haben (hoffentlich) die Fähigkeit, dieses Geld zu vermehren.

Es gibt selbstverständlich Rankings und der Anleger kann sich seine Trader aussuchen. Er wählt sie vielleicht wegen ihres Trading-Stils. Besser er wählt sie wegen ihres disziplinierten Trading-Verhaltens und des geringen Risikos mit dem der Trader die Rendite erwirtschaftet. Zumindest die schlauen Anleger tun dies.

Und auch professionelle Vermögensverwaltungen schauen sich mittlerweile das Social Trading an und überlegen, ob sie nicht einen Teil ihrer Kundengelder dort anlegen. Ist das nicht unglaublich? Es ist auf jeden Fall eine phantastische Chance für einen ambitionierten Trader!

Verstehen Sie jetzt, warum Sie zuerst lernen sollten verantwortungsvoll und diszipliniert mit Ihrem 500-Euro- Konto zu traden? Wenn Sie das können, können Sie sich mit gutem Gewissen bei einer der Social Trading-Plattformen anmelden.

Man wird Ihnen ein Konto mit „fiktivem Geld" zur Verfügung stellen, das sie traden können. Sind Ihre Ergebnisse gut und haben Sie nach einiger Zeit (einigen Monaten) einen guten Track-Rekord aufgebaut, werden Sie vielleicht bald Ihre ersten Kunden bekommen und also Geld verdienen.

Die Verdienstmodelle sind unterschiedlich, schauen Sie sie von daher sehr genau an, denn diese werden letztlich bestimmen, wieviel Geld sie mit ihrem Trading verdienen können.

Jetzt wollen wir das Vergütungsmodell einer Social Trading-Plattforms etwas genauer anschauen. Dieser arbeitet in der Regel mit einem oder mehreren Brokern zusammen. Diese Broker sind aber meistens sogenannte Introducing Broker. Das heißt, diese Broker vermitteln zwischen ihren Kunden und einem sogenannten Prime Broker. Ein Prime Broker ist die Stelle, wo die Abwicklung von Wertpapiergeschäften tatsächlich stattfindet. Das sind in der Regel auch bekannte Institute wie JP Morgan, Crédit Suisse, Deutsche Bank, usw.

Die meisten Introducing Broker im Retail-Geschäft haben also eine Verbindung zu einem Prime Broker. Dieser ist aber an kleinen Konten nicht interessiert. Diese Aufgabe übernehmen die Introducing Broker. Das sind die Häuser, die den meisten Kleinanlegern bekannt sind. Jetzt schauen wir uns die gesamte Nahrungskette eines Social Tradings Plattforms an:

1. Prime Broker

2. Introducing Broker
3. Vermögensverwaltung
4. Social Trading Plattform
5. Der Trader

Sie sehen: da verdienen eine Menge Leute mit, wenn der Trader eine Transaktion durchführt. Das ist auch der Grund, weshalb die Spreads im Social Trading in der Regel höher sind als wenn Sie einfach ein Konto bei einem Introducing Broker aufmachen. Rechnen Sie mit 2 bis 3 Pips Spread beim EUR/USD, also das Doppelte oder gar Dreifache.

Das ist auch der Grund, weshalb reines Scalping im Social Trading nicht funktioniert. Die Konditionen geben dies einfach nicht her. Zu viele verdienen mit am Spread.

Wenn Sie aber eine Daytrading- oder Swingtrading-Strategie entwickelt haben, die gute Rendite erwirtschaftet, werden Sie auch mit diesem Modell Geld verdienen. Sie werden, je nach Modell, meistens pro generiertem Standard-Lot vergütet. Als Anfänger bekommen Sie vielleicht zunächst 1 Dollar, sobald Sie 1 Lot (100.000 $) Transaktionsvolumen generieren. Das hört sich vielleicht nach wenig an, machen Sie dies aber 20 mal am Tag kann dies schon zu einem ordentlichen Nebenverdienst werden.

Schaffen Sie durch gutes Trading hinaufzuklettern auf die höheren Stufen können Sie bis zu 5 Dollar pro Lot verdienen. Wenn Sie hier angekommen sind, können Sie in der Regel schon sehr gut von Ihrem Trading leben.

Dies wird Ihnen natürlich nur dann gelingen, wenn Sie Ihren Kunden tatsächlich einen Mehrwert anbieten (eine gute Rendite) und nicht sinnlose Trades durchführen um so viel wie möglich Kommissionen zu generieren. Sprechen Sie von daher mit den Verantwortlichen des Social Trading Plattforms. Sie werden Ihnen auf Grund ihrer Erfahrung weiterhelfen können wie sie am besten ihre Anzahl Trades mit den optimalen Verdienstmöglichkeiten für Sie ausbalancieren.

Kommissionen sind also ein ausgezeichneter Weg um Ihren Lebensunterhalt als Trader zu verdienen. Wenn es am Ende des Jahres noch eine Gewinnbeteiligung gibt, umso besser. Aber Sie müssen erstmal in der Lage sein können, Ihre Rechnungen zu zahlen und Ihre Ausgaben zu bestreiten. Dies gilt insbesondere dann, wenn es mal nicht so gut läuft mit Ihrem Trading oder wenn Sie gar in einen Drawdown (eine Periode, in er Sie mehr verlieren als gewinnen) hineingeraten.

Traden Sie nur Ihr eigenes Geld, werden Sie in dieser Periode eben nichts verdienen, was durchaus zu Stress führen kann. Sind Sie aber mit einem Social Trading Plattform verbunden, verdienen Sie trotzdem weiter an den Transaktionen, die sie durchführen.

Wenn Sie bislang zufriedene Kunden haben, werden sie Ihnen nicht gleich davon rennen, wenn es mal nicht so gut geht, vorausgesetzt der Drawdown hält sich in Grenzen.

Wenn Sie also „zunächst" Social Trader werden, können Sie sich ganz auf Ihre Aufgabe als Trader konzentrieren und brauchen sich nicht um die Kunden zu kümmern. Das könnte sich ändern, sollten Sie sich eines Tages entschließen für eine professionelle Vermögensverwaltung zu traden.

Manche der Social Trader verdienen mittlerweile monatlich fünfstellige Summen. Für sie hat sich der Traum einer erfolgreichen Trader-Karriere bereits erfüllt.

Voraussetzung ist wie immer eine positive Rendite mit überschaubaren (kalkulierbaren) Risiken. Jede Plattform bietet hier die nötigen Tools an, um ihr Risikomanagement zu berechnen. Sie können also ihr Risikoprofil bestimmen, bevor sie anfangen einen

Track Rekord aufzubauen. Und ich empfehle Ihnen dringend eine Weile darüber nachzudenken.

Trader, die auf Jahresbasis 20 bis 30 % erwirtschaften mit einem maximalen Drawdown von 10 bis 15 % haben möglicherweise bessere Chancen als Trader, die 70% Rendite erzielen, dafür aber 45 % Risiko eingehen.

Der Grund ist einfach. Es sind in der Regel Kleinanleger, die sich von den hohen Renditen angezogen fühlen. Der Kleinanleger denkt: hohe Rendite = schnelles Kapitalwachstum. Setzen Sie aber auf die Masse der Kleinen, kann ich Ihnen versichern, dass Ihre „Kunden“ bei einer Verlust-Serie schneller weg sind, bevor Sie es überhaupt merken.

Der Profi dagegen schaut immer erst auf das Risiko. Seine Sorge ist: wieviel Verlust ist maximal zu erwarten, wenn ich diesem Trader meine Kundengelder anvertraue? Logisch oder?

Die Folge ist, dass die Trader mit dem restriktiven Risikomanagement die größeren Konten bekommen werden. Größere Konten bedeuten mehr Kapital zum Traden. Mehr Kapital bedeutet einen größeren Anteil an den Kommissionen für Sie als Trader.

7. Sprechen Sie mit Ihrem Broker

Sollte Ihnen Social Trading aus irgend einem Grund nicht zusagen, gibt es natürlich genug anderer Wege um an Kundengelder heranzukommen. Einer der direktesten Wege dazu führt zu Ihrem Broker.

Dieser Person oder Gruppe von Personen hat Kontakte zu vielen Leuten mit Geld. Es ist der Job eines Brokers, diese Personen zu finden. Sie tun also gut daran, wenn Sie mit ihrem Trading-System oder Ihrer Strategie Kundengelder verwalten wollen, ein Gespräch mit Ihrem Broker zu führen.

Auch wenn Ihr Broker nur auf Retailkunden (Privatkunden) spezialisiert sein sollte, kann es sich lohnen, mit ihm ins Gespräch zu kommen. Sie wissen nie, wen er kennt.

Wenn Sie ein aktiver Kunde bei ihm sind, wird er immer ein offenes Ohr haben für das, was Sie zu sagen haben. Am besten, Sie verabreden einen Termin mit ihm. Oder besser noch: laden Sie ihn zum Essen ein. Sie werden erstaunt sein, was Ihnen Menschen alles anvertrauen, wenn Sie Ihnen einen Gefallen tun.

Es gibt aber noch einen anderen Grund, weshalb Sie mit Ihrem Broker sprechen sollten, bevor Sie mit dem

Trading beginnen. Wenn Sie vorhaben eines Tages Kundengelder zu traden müssen Sie auch nachweisen können, dass Sie das können. Und das bedeutet, dass Sie einen Track Rekord vorweisen müssen, der in irgendeiner Form beglaubigt ist. Mann nennt dies „Kredibilität aufbauen". Ohne Kredibilität (Vertrauenswürdigkeit)wird es schwierig werden überhaupt zu einem Interview vorgelassen zu werden.

Eine Beglaubigung kann natürlich auf unterschiedlicher Art und Weise geschehen. Sie können zu einem Notar gehen oder gar einen Audit einer der bekannten Wirtschaftsprüfungsgesellschaften wie KPMG oder Deloitte durchführen lassen. Ich bezweifle allerdings, ob Sie dies mit Ihrem 500-Euro-Konto zustande bekommen werden. Von den horrenden Gebühren für einen solchen Audit ganz zu schweigen.

Viel einfacher ist es, Ihren Broker zu fragen, der Ihre Trades sowieso trackt, Ihre Ergebnisse in irgendeiner Form zu beglaubigen. Diese Beglaubigung ist zwar nicht hart Proof wie die eines Notars oder eines Wirtschaftsprüfers. Sie haben zumindest etwas in der Hand, das von einem Dritten überprüft wurde. Damit können Sie sicher an die eine oder andere Vermögensverwaltung herantreten, obwohl weitere Tests auf Sie zukommen werden.

Eine andere Möglichkeit, diese Beglaubigung zu erreichen ist, wenn Sie ihre Trades über den Plattform myfxbook.com tracken lassen. Diese Plattform ist mittlerweile sehr bekannt und viele Trader haben hier einen beachtlichen Track Rekord aufgebaut.

Und nicht zu unterschätzen: ein ausgezeichneter Track Rekord bei einem Social Trading Plattform kann genauso als Beweis betrachtet werden, dass Sie traden können. Social Trading ist eine gute Möglichkeit für einen Trader, sich zu profilieren.

Viele Broker haben im übrigen eine inhouse Vermögensverwaltung. Es ist Teil ihres Geschäfts, wenn auch oft nur ein kleiner Teil. Sie werden diese meistens unter dem Begriff „Managed Accounts“ finden.

Und Sie werden erstaunt sein, wie mittelmäßig diese professionelle Vermögensverwaltungen oft sind. Lassen Sie sich also nicht vom Wort professionell oder Vermögen zu sehr intimidieren.

Zu oft werden Sie dahinter einen Trader finden, der die gleichen Mühen und Probleme hat wie Sie. Oft ist es sogar so, dass manche Broker Ihre Managed Accounts einfach weiter laufen lassen, obwohl Sie genau wissen, dass sie gar nicht so gut sind.

Weshalb fragen Sie sich jetzt vielleicht? Solange auch nur ein Kunde an diesem Programm teilnimmt, wird diese „Vermögensverwaltung“ Gebühren oder Kommissionen verursachen. Und daran verdient der Broker immer, egal wie erfolgreich die Vermögensverwaltung abläuft.

Wer weiß, vielleicht sind Sie derjenige, der diesen Zweig Ihres Brokers neues Leben einhaucht? Wenn Sie eine interessante Strategie anzubieten haben, die sich von den bekannten unterscheidet, wird sich Ihr Broker dies gewiss anschauen.

Es ist ja auch nicht schwierig. Sie sind ja schließlich sein Kunde. Er hat ja die komplette Einsicht in Ihre Trading-Historie. Er weiß also genau, ob das, was Sie machen Hand und Fuß hat oder nicht.

Stellen Sie sich darauf ein, dass auch hier die Vergütungsmodelle sehr unterschiedlich sein können. Genauso wie im Social Trading wird man Ihnen womöglich eine Beteiligung an den Kommissionen beziehungsweise am Spread anbieten.

Wieviel Prozent Sie als Trader bekommen werden hängt von Ihrem Verhandlungsgeschick ab. Alles ist hier möglich. Von 50 % bis viel weniger. Bedenken Sie aber, dass Sie es sind, die die Arbeit macht und den Mehrwert schafft. Also verkaufen Sie sich nicht zu billig.

Wenn Ihr Broker keine Vermögensverwaltung anbietet, sollte Ihnen nichts davon abhalten, einen zu suchen. Dafür reicht in der Regel eine einfache Google-Suche aus. Geben Sie den Begriff „Managed Accounts“ ein und Sie können sich mehrere Vermögensverwaltungen aus der Liste aussuchen.

Manche von Ihnen werden andere Broker sein, die Sie vielleicht noch nicht kennen. Andere sind reine Vermögensverwaltungen ohne Brokerage. Diese Häuser (und deren Websites) können sehr verschwiegen und diskret daherkommen.

Das sollte Ihnen trotzdem nicht davon abhalten, anzurufen und nach den Bedingungen für Trader zu fragen. Das Schlimmste, was Ihnen passieren kann, ist dass man Ihnen freundlich mitteilt, dass man im Augenblick keinen Bedarf hat.

Sie sollten allerdings auch nicht die Erwartung haben, dass man Sie mit offenen Armen empfangen wird. Diese Plätze sind begehrt und es gibt eine Menge Konkurrenz.

Auch hier gelten die gleichen Regeln wie überall. Nur disziplinierte Trader mit guten Gewohnheiten machen überhaupt eine Chance hier tätig zu werden.

Wenn es beim Social Trading einen „social proof“ Ihres Könnens gibt, können Sie davon ausgehen, dass Sie bei einer Vermögensverwaltung von Profis gescreent werden.

Hier zeigt sich, ob Sie am Anfang mit Ihrem 500 Euro-Konto wirklich gute Gewohnheiten angeeignet haben und ob Sie Ihr Handwerk beherrschen.

Obwohl dies schon hervorragend ist und Sie von 95 % der Trader unterscheidet ist dies meistens noch nicht ausreichend um als Trader bei einer Vermögensverwaltung tätig zu werden.

Vermögensverwaltungen haben nicht nur einen Trader, der für Ihr Haus Kundengelder verwaltet sondern meistens mehrere. Und in den letzten Jahren natürlich immer mehr automatisierte Handelssysteme, die keine Miete und keine Krankenversicherungen zahlen müssen.

Wenn ein Vermögensverwalter die Wahl hat zwischen einem ausgezeichneten Handelssystem und einem mittelmäßigen Trader dürfte die Wahl nicht sehr schwer ausfallen.

Im Klartext heißt dies: Sie müssen dem Haus schon etwas Besonderes anbieten. Am liebsten etwas, was es noch nicht hat. Nehmen wir an, Sie haben ein gediegenes Daytrading-System auf dem EUR/USD entwickelt, das auf Unterstützung und Widerstand basiert und gute Ergebnisse mit geringen Drawdowns erwirtschaftet.

Die Vermögensverwaltung hat aber schon zwei Trader, die Forex machen und vielleicht auch noch ein automatisches Forex-Ausbruchs-System. Was wäre dann der Mehrwert für dieses Unternehmen?

Versuchen Sie also etwas anzubieten, was überrascht. Vielleicht gibt es eine Trading-Nische, in der nur Sie eine Expertise haben? Es muss nicht immer Forex oder Futures sein. Vielleicht sind Sie Spezialist in mongolischen Aktien?

Wobei die mongolischen Aktien zu einem weiteren Kriterium führen, das wichtig ist und das Sie verstehen sollten, bevor Sie an eine Vermögensverwaltung herantreten.

Ich weiß nicht genau, wie viele mongolische Aktien es gibt und wie stark die mongolische Börse kapitalisiert ist. Wenn Sie diese Aktien erfolgreich mit Ihrem 500 Euro-Konto getradet haben indem Sie jeweils 50 Stück verhandelt haben ist das prima.

Aber können Sie Ihre Strategie auch durchführen, wenn Sie 50.000 Stück in Oulang Bator ordern ohne allzu großen Slippage (bei Slippage bekommt der

Trader einen etwas schlechteren Preis, weil das Orderbuch nicht liquide genug ist)?

Diese Frage müssen Sie beantworten können. Die Frage lautet also: ist ihr Business auch skalierbar? Denn nur dann wird die Vermögensverwaltung interessiert sein. Schließlich muss sie das Produkt „Handel mit Aktien aus der Mongolei" an potentielle Kunden verkaufen können.

Sie sehen, so einfach ist es nicht? Ihr Produkt sollte nicht nur in größeren Stückzahlen durchführbar sein, es soll auch für einen interessierten Kunden begreifbar sein, was Sie dort machen. Wenn der Kunde erst Mongolisch lernen muss… Sie verstehen, worauf ich hinaus möchte?

Hier zeigt sich natürlich wieder der Vorteil des Social Tradings nebenbei bemerkt. Beim Social Trading sind Sie anonym und Sie kennen Ihren Kunden nicht. Sie haben auch keinen Kontakt zu Ihnen. Es ist nicht erwünscht und es ist in der Regel besser, Sie konzentrieren sich ganz auf Ihr Trading.

Wenn Sie aber auf die institutionelle Seite wechseln und Managed Accounts anbieten kann es Ihnen passieren, das Sie einem Kunden, der 250.000 Euro investieren möchte, erklären müssen, wo die Mongolei liegt und weshalb dies so ein interessanter

Markt ist. Das dies kein einfaches Gespräch werden dürfte, ist Ihnen hoffentlich klar.

8. Wie wird man ein professioneller Trader?

Der Entschluss ein professioneller Trader werden zu wollen kommt vielleicht nicht übernacht und wächst womöglich mit zunehmenden Können und Selbstbewusstsein. Glauben Sie vor allem nicht, dass Sie über überdimensionale Fähigkeiten verfügen müssen oder gar phänomenale Renditen erzielen müssen um „würdig“ zu sein.

In der Welt der Vermögensverwaltungen und Hedgefonds herrschen ganz andere Gesetze als in der Welt der Privatanleger. Es ist von daher gut, wenn Sie einigermaßen vorbereitet sind auf das, was Sie dort erwartet.

Es gibt viele Wege, wie Sie ein professioneller Trader werden können. Und, glauben Sie mir, Zufall und ein Quäntchen Glück spielen hier sicher mit. Dennoch. Auch diese Karriere kann wie jede andere Karriere auch geplant und erfolgreich durchgeführt werden.

Eine Sache sollten Sie von vornherein wissen. Wenn Sie vorhaben, größere Konten mit Kundengeldern zu traden, verabschieden Sie sich von der Vorstellung, dies mit Scalping zu tun. Scalping funktioniert gut auf kleineren Konten oder wenn Sie Privatier bleiben. Dann können Sie sich Ihren Broker aussuchen.

Sobald Sie zu einer professionellen Vermögensverwaltung gehen, können Sie Ihren Broker eben nicht mehr aussuchen. Sie werden also Bedingungen vorfinden, die Ihnen möglicherweise nicht immer gefallen werden.

Es nutzt auch nicht zu meckern, wenn Sie einen Spread von 2 Pips im EUR/USD bekommen, oder wenn Sie regelmäßig mit Teilausführungen und Slippage konfrontiert werden. Ändern können Sie es nicht.

Stellen Sie sich also gleich darauf ein, eine Strategie zu traden, die auch auf höheren Timeframes (Stunden-Chart, vier-Stunden-Chart oder Tageschart) funktioniert. Ein Millionen-Konto ist eben nicht dasselbe wie ein 500-Euro-Konto.

Zur guten Planung gehört jedenfalls der Aufbau eines Track Records. Dies hat natürlich auf einem Life Account zu geschehen. Traden Sie ein Jahr lang diszipliniert. Versuchen Sie ein konservatives Risiko-Management zu fahren. Das heißt, tun Sie alles daran, damit Ihr maximaler Drawdown unter 10 % bleibt. Am liebsten sogar unter 5 %.

Wenn Sie eine Jahresrendite von 12-15% erwirtschaften können mit einem Drawdown von weniger als 5 % haben Sie gute Chancen ernst genommen zu werden. Ein sorgfältiges Trading-Journal mit detaillierten statischen Auswertungen ist ein Must. Wenn Sie beim Vorstellungsgespräch nicht sagen können wie hoch Ihr Payoff-Ratio ist haben Sie vermutlich ein Problem.

Der Grund dafür ist sehr einfach. Eine Vermögensverwaltung tut im Grunde nichts anderes als Finanzprodukte zu verkaufen. Und eines dieser Finanzprodukte sind vielleicht Sie mit Ihrem robusten Trading-System.

Natürlich sind die Kunden gierig und wollen eine möglichst hohe Rendite für Ihr Geld. Wenn man dann dem Kunden in aller Ruhe fragt wieviel Risiko er denn bereit wäre einzugehen um diese hohe Rendite zu erzielen wird er schon ein wenig kleinlauter. Und allzu große Schwankungen auf dem Konto möchte er natürlich auch nicht.

Deswegen sind Vermögensverwaltungen an Systemen und Tradern interessiert, die genau diese Bedürfnisse bedienen können. Viel wichtiger ist es also eine ruhige Kapitalkurve vorweisen zu können.

Deswegen haben Trader, die eine „langweilige“ Rendite von 12 % pro Jahr mit kaum nennenswerten Schwankungen auf Ihrer Kapitalkurve vorweisen, eine viel bessere Chance einen Job zu bekommen als die vielen Hochflieger, die 100 % im Jahr machen.

Die Trader, die es schaffen über eine längere Zeit erfolgreich zu sein, sind nicht per se diejenigen mit den höchsten Renditen. Erfolgreiche Professionals arbeiten fast ohne Leverage (Hebelwirkung).

Die Denkweise eines Profis ist also eine ganz andere als die eines Privatanlegers. Der Privatanleger möchte eine möglichst hohe Rendite. Der Profi schaut vor allem darauf, wie diese Rendite erzielt wird. Wird sie mit hohen Risiken erkauft, wird er vermutlich nicht an ihrem Produkt interessiert sein.

Vergessen Sie nicht: der Profi muss diese Strategie verkaufen! Ist die Volatilität der Kapitalkurve gering und der Trader hat die Drawdowns unter Kontrolle, dann lässt sich ein solches Produkt leichter einem vermögenden Kunden gegenüber vertreten.

Im übrigen kann man ein solches konservatives Produkt auch hebeln. Dann werden aus 12 % im Jahr eben 24 oder 36 %.

Wenn Sie nun mit Ihrem von Ihrem Broker beglaubigten Track Rekord zu einem Interview vorgelassen werden, dürfen Sie nicht erwarten, dass man Ihnen gleich ein Konto mit einem Million Euro anbieten wird.

Je nach Vermögensverwalter könnte es sogar sein, dass man Sie dazu auffordert erstmal selber ein Konto beim hauseigenem Broker zu eröffnen und dieses 3 Monate lang mit Ihrer Strategie zu traden.

Danach setzt man sich zu einem zweiten Gespräch zusammen. Sollten Sie es bis dahin geschafft haben, kann es durchaus sein, dass man Ihnen ein Konto von 25.000 oder 50.000 Euro zum Traden anbietet.

Es ist Ihnen hoffentlich klar, dass Sie von diesem Kapital immer noch nicht Ihren Lebensunterhalt werden bestreiten können. Da braucht es dann schon eine Null mehr, aber die kann schneller kommen, als Sie vermuten, wenn das Management mit Ihrer Leistung zufrieden ist.

Sind Sie einmal soweit gekommen ein 300.000- Euro Konto diszipliniert zu traden, dann sind Sie der Verwirklichung Ihres Traums schon sehr nahe gekommen.

Jede Vermögensverwaltung hat ihre eigene Vorstellung, wie ein neuer Trader „aufgebaut“ werden soll. Vergessen Sie auch nicht den psychologischen Druck, der auf Sie zukommt. Es ist doch etwas ganz anderes, wenn Sie 5 Standard Lots in einem Währungspaar kaufen als wenn Sie lediglich 5 Minilots kaufen. Auch diese „Hürde“ werden Sie eines Tages schaffen müssen, wenn Sie Profi werden wollen.

9. Traden für einen Hedgefonds

Bezüglich Hedgefonds werde ich mich kurz fassen. Es ist möglich einen Job bei einem Hedgefonds zu bekommen, aber es wird zunehmend schwerer. Die größten Handelsbücher werden heute hauptsächlich von Maschinen gemanaged. Hedgefonds sind von daher unglaublich wählerisch geworden. Sie stellen gewiss niemanden ein, der nicht eine außergewöhnliche Performance erbringt.

Am schwersten haben es die Trader, die sich auf den Devisenhandel spezialisiert haben. Auch dieser ist mittlerweile weitestgehend automatisiert.

Im übrigen spielen die Aufsichtsbehörden auch mit. Nach den jüngsten Skandalen rund um die Manipulierung der Devisenkurse, in denen mehrere großen Geschäftsbanken verwickelt waren, wollen die Behörden den „diskretionären" Handel eingeschränkt sehen.

Also auch, wenn Sie im Forex eine Top-performance erzielen und einen herausragenden Track Rekord vorweisen können, dürften Sie es schwer haben, hier zu landen. Es ist nicht unmöglich, aber die Chancen stehen nicht gut.

Dazu kommt noch die Tatsache, dass Sie es ohne Universitätsabschluß kaum einen Job bekommen werden. Und das ist noch nicht alles. Hedgefonds stellen gern Absolventen mit einem Master, bzw. einem MBA ein.

Zudem bewerben sich immer mehr Trader mit einem Doktortitel in Statistik oder Mathematik, weil Finanzmathematik in der Branche einen immer höheren Stellenwert bekommt. Können Sie mit diesen Personen konkurrieren?

9. Lernen Sie networken

Es dürfte mittlerweile auch klar geworden sein, dass es, wie so oft im Leben nicht genügt, dass Sie über gute fachliche Kenntnisse verfügen. Es kommt eben oft darauf an, wen Sie kennen, wenn Sie zumindest die Chance haben wollen zu einem Interview vorgeladen zu werden.

Ich kann Ihnen aus eigener Erfahrung sagen, dass sich in dieser Branche die meisten Türen für mich aufgetan haben, weil ich diese oder jene Person kannte.

Entweder hatte ich mit ihr ein Gespräch auf einem der vielen Finanzmessen, die es gibt. Oder ich hatte mich nach einem Vortrag noch mit einer kleinen

Gruppe zusammengesetzt und auf dieser Weise bestimmte Personen kennen gelernt.

Wenn Sie einem Börsianer irgendetwas interessantes zu erzählen haben, werden Sie immer ein offenes Ohr finden. Dies resultiert sicher nicht gleich in einem Job. Aber der eine oder andere interessante Kontakt kann Ihnen genau dazu verhelfen.

Obwohl die ganze Trading-industrie immer technischer und computerisierter wird, wird sie dennoch immer noch von Menschen geführt. Und Menschen wollen Beachtung, sie wollen verstanden werden und gewertschätzt. Vergessen Sie das nicht.

Auch online können Sie natürlich networken, obwohl dies nach meiner Erfahrung weitaus weniger effektiv ist als die direkte Kontaktaufnahme. Dennoch ergänzt das Online-Networking die persönliche Kontakte und es sorgt dafür, dass die Personen, die vielleicht eines Tages für Sie interessant werden können, ein Auge auf Sie behalten.

Es ist auch nicht verkehrt ab und zu einen interessanten Content-Beitrag zu posten. Das kann eine interessante Analyse einer Aktie oder eines Währungspaares sein. Es kann auch eine origineller Blick auf die aktuelle monetäre Politik einer

Zentralbank sein. Es muss nicht, aber es hilft sicher, ihre Kredibilität in der Branche zu erhöhen.

Von nun an gehen Sie also nicht mehr zu Facebook, wenn sie sich „outen“ möchten. Wenn Sie in der Finanzbranche Fuß fassen wollen brauchen Sie ein Profil beim Business-Netzwerk Linkedin.

Dieses Netzwerk ist das größte und Sie werden in der Regel dort alle Menschen wiederfinden, die Sie auf Messen oder Vorträgen kennen gelernt haben. Auch Ihr Broker ist hier vertreten, aber auch Hedgefundsmanager und Vermögensverwalter. Also suchen Sie den Kontakt.

Es ist sicher auch nicht verkehrt einige dieser Personen anzurufen, auch wenn Sie vielleicht nicht nach einem Job suchen. Je mehr qualifizierte Kontakte Sie haben desto besser. Sie wissen nie aus welcher Ecke Ihr nächster Karriereschritt kommen wird.

10. In 7 Schritten zum professionellen Trader

1. Lernen Sie zu traden und eignen Sie sich gleich am Anfang gute Trading-Angewohnheiten an. Besuchen Sie Seminare oder Workshops. Lesen Sie gute Trading-Bücher. Sammeln Sie Erfahrung
2. Erarbeiten Sie sich eine Strategie, die zu Ihnen passt und die Ihnen liegt. Es kann etwas einfaches sein, nur kein Scalping.
3. Suchen Sie sich einen Broker, der bereit ist, Ihren Track Rekord zu beglaubigen. Verweigert sich Ihr jetziger Broker oder gibt Ihnen nur eine schwammige Antwort, suchen Sie weiter.
4. Traden Sie 1 Jahr lang Ihre Strategie ohne wenn und aber. Fahren Sie ein konservatives Risikomanagement. Versuchen Sie den maximalen Drawdown unter 10% zu halten. Sie können daytraden, aber arbeiten Sie mit Stopps, die weiter weg liegen. Traden Sie so, dass Sie diese Strategie auch mit 10 Millionen problemlos durchführen könnten.
5. Fangen Sie gleich mit dem Networking an. Bilden Sie kontakte in der Branche. Gehen Sie auf Messen. Sprechen Sie mit Fondsmanager und Vermögensverwalter. Frage Sie, welche Bedingungen neue Trader mitbringen müssen, um für Ihr Haus zu traden.

6. Treten Sie an verschiedene Vermögensverwaltungen heran mit dem Ziel Kundengelder zu traden. Fangen Sie klein an und arbeiten sich hoch.
7. Halten Sie trotzdem Kontakt zu anderen Vermögensverwaltungen oder Fonds. Auch wenn Sie jetzt einen Job haben, wissen Sie nicht, ob Sie diesen in einem Jahr immer noch haben. Bleiben Sie in Bewegung.

11. 500 Euro ist viel Geld

Auch wenn Sie sich dies vielleicht heute noch nicht vorstellen können, Sie können mit einem 500- Euro-Konto Trader werden. Es stehen Unmengen an Geld auf der ganzen Welt zur Verfügung, die nur darauf warten, sinnvoll angelegt oder vermehrt zu werden. Es ist sogar so, dass es mehr Geld als Anlagemöglichkeiten gibt.

Beschränken Sie sich also nicht selbst. Es ist nicht, weil dieses Geld im Moment nicht auf Ihrem Bankkonto steht, dass sich dies nicht ändern könnte. Machen Sie aber nicht den Fehler von 500 Euro gleich auf 5 Millionen schalten zu wollen. Gehen Sie Schritt für Schritt voran. Lernen Sie zuerst ein guter Trader zu werden, wird das Geld irgendwann folgen. Nicht umgekehrt.

Und vor allem: lernen Sie zuerst wertschätzen, was Sie haben. Verfügen Sie über 500 Euro zum Traden, dann behandeln Sie diese 500 Euro als wären es 500.000 Euro. Viel zu viele beginnende Trader tun gerade das Gegenteil. Sie vergeuden das Wenige, was Sie haben.

Aber das Wenige ist nicht wenig. Es ist genau, die Summe, die Ihnen jetzt zusteht. Gehen Sie verantwortungsvoll damit um, dann wird das Universum Ihnen bald größere Summen zu Verfügung stellen. Und überlassen Sie es auch dem Universum, wie das vonstatten geht. Sie wissen ja, es ist unendlich und es gibt keine Limits.

Viel Erfolg!

Heikin Ashi Trader

Über den Autor

Heikin Ashi Trader wird weltweit als der Spezialist für Scalping mit dem Heikin Ashi Chart betrachtet. Er tradet auf dieser Weise seit 19 Jahren. Er hat für einen Hedgefonds gehandelt und machte sich dann als Trader selbständig. Sein Scalping-Buch "Scalpen macht Spaß!" ist ein internationaler Bestseller und wurde mehr als 30.000 Mal verkauft. Auf seiner Website www.heikinashitrader.net finden Sie weitere Informationen über seine Scalping-Methode.

Mit über 30.000 verkauften Exemplaren weltweit, ist der Bestseller "Scalpen macht Spaß!" jetzt auch als **Online-Kurs** erhältlich!

Entdecken Sie, wie einfach scalpen sein kann mit der Heikin Ashi-Methode.

Schauen Sie sich den kostenlosen Workshop dazu an, der Ihnen genau darüber informiert, was Sie im Kurs bekommen!

Für weitere Informationen besuchen Sie bitte:
www.heikinashitrader.org

Printed in Poland
by Amazon Fulfillment
Poland Sp. z o.o., Wrocław

11165937R00047